VENTE
DU
MERCREDI 13 MARS 1901
HOTEL DROUOT, Salle 6
A TROIS HEURES

Aquarelles

PAR

J.-B. JONGKIND

EXEMPLAIRE D'ALFRED DURETÉLEY

COMMISSAIRE-PRISEUR
Mᵉ PAUL CHEVALLIER

EXPERT
M. GEORGES PETIT

Aquarelles

PAR

J.-B. JONGKIND

Cette vente était la Vente de Madame
maîtresse de J. B. Jongkind. Elle en avait déjà
fait une

CATALOGUE

DE

20 AQUARELLES

PAR

J.-B. Jongkind

DONT LA VENTE AURA LIEU

HOTEL DROUOT, SALLE N° 6

Le Mercredi 13 Mars 1901

A TROIS HEURES

COMMISSAIRE-PRISEUR	EXPERT
Mᶜ PAUL CHEVALLIER	**M. GEORGES PETIT**
10, rue Grange-Batelière	*12, rue Godot-de-Mauroi*

EXPOSITION PUBLIQUE

Le Mardi 12 Mars 1901

DE 1 HEURE 1/2 A 5 HEURES 1/2

CONDITIONS DE LA VENTE

Elle sera faite au comptant.

Les acquéreurs paieront *dix pour cent* en sus des prix d'adjudication.

PRÉFACE

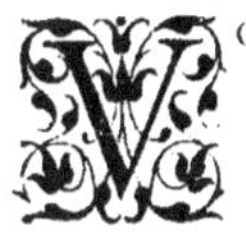oilà une série d'aquarelles de Jongkind, bien faite pour justifier le goût grandissant que les amateurs manifestent à l'endroit du maître. Quand on examine *Les Bords de l'Isère, à Grenoble,* ou *Les Bords d'un canal, à Dordrecht,* ou *Le Faubourg Saint-Jacques, à Paris,* ou... — mais je m'arrête, car je citerais les vingt pièces qui sont inscrites dans ce catalogue, — quand on examine, dis-je, ces feuillets que le peintre exécutait comme en se jouant, n'ignorant pas le charme extraordinaire qui s'en dégage, mais ne leur prêtant pas, dans son œuvre, une importance de premier rang, je me demande par quel mystère, par quelle cause inexpliquée, il se fait que le public fut si long à reconnaître l'immense talent de Jongkind.

Je sais bien que la misère pour soi et l'indifférence satisfaite des contemporains constituent le lot des artistes, qui n'ont pas d'autre souci que leur art, pas d'autre joie que de courir, sans se garer des cailloux qui hérissent le sol, à la conquête de leur idéal : surtout à l'époque où vivait Jongkind, époque où l'on ne subissait pas comme aujourd'hui le pres-

tige du titre d'artiste, et où le nombre des artistes,
de ce fait même, était moins abondant, il était de
bon ton, dans un certain monde, de tenir pour
bohème — quelquefois avec raison — tout individu
qui maniait un pinceau, un crayon ou un ébauchoir.
Cela permettait de ne pas acheter de peinture, ou
d'en acheter à très bas prix, et tandis que ces créateurs de chefs-d'œuvre — Jongkind est de ceux-là —
mouraient misérables, dénués de tout, mais ignorant
toujours la désillusion de la vie, parce que leur rêve,
leur beau rêve de soleil et de lumière les avait aveu-
glés de son éclat qui console, tandis que ces créateurs
s'en allaient, en une heure suprême, vers l'infini
silencieux, on a vu, avec leurs créations, des fortunes
s'édifier : leur mémoire en retirait bien un bénéfice
de gloire ; mais n'est-on pas fondé à se demander
si l'on saura jamais leur faire une mesure de gloire
assez ample, à ces méconnus, qui ne furent jamais
des désespérés, parce qu'en eux flambait l'étincelant
foyer du génie !

Qui donc aujourd'hui refuserait ce génie à Jongkind ? Il a merveilleusement compris, non seulement
le pittoresque des canaux de son pays, mais encore
les campagnes de France ; il s'est même chargé d'être
le plus fidèle chroniqueur des vieux quartiers de Paris,
bouleversés, aux environs de 1868, par les démo-
lisseurs d'un préfet, qui se plut — faut-il vraiment
l'en blâmer ? — à changer l'aspect de la grand'ville.

Qu'il s'agisse d'étés tout rutilants de soleil, ou
d'hivers au cours desquels la neige, étouffeuse de
bruit, s'est abattue, épaisse, lourde, moelleuse, et
froide, et blanche ; qu'il s'agisse de bateaux de pêche,
avec leur haute mâture et leurs voiles, qui jouent

comme des ailes sous la lumière, ou de routes tracées
à mi-côte dans la montagne et bordées d'arbres, où
l'automne, à chaque branche, a inscrit ses rousseurs
de cuivre ; qu'il s'agisse de grandes surfaces d'eau,
miroitantes de mille reflets, hérissées de petites vagues
saccadées, qui ne sont que de mystérieux et perpé-
tuels frissons, ignorant les spasmes plus violents de
la mer brutale, ou qu'il s'agisse des maisons de ville,
alignées et municipales, avec leurs façades aux plâtres
salis par la poussière des rues, et aux boutiques
bariolées pour des besoins de signalétique commer-
ciale, Jongkind, qui s'est promené au milieu de cette
infinie variété, l'a exprimée avec une verve jamais à
court, avec un métier qui parait spontané, tant il
est sûr de lui, avec une sensation de vérité et d'art,
qui le placent au premier rang des grands impres-
sionnistes du xixe siècle, ceux qui furent les initia-
teurs de 1830, et ceux qui sont les glorieux com-
battants de 1867.

Voilà pourquoi les amateurs, mieux renseignés
aujourd'hui, ne laissent plus passer les aquarelles de
Jongkind sans se les disputer chaudement : les vingt
aquarelles qui sont ici réunies fourniront de cette
constatation une preuve nouvelle, fort agréable à
tous ceux qui, depuis trente ans, saluent, avec de
Goncourt, Jongkind comme un des plus admirables
artistes du siècle qui vient de finir.

L. ROGER-MILÈS

DÉSIGNATION

1 — *Un Coin de rue, à Honfleur.*

Haut., 43 cent.; larg., 30 cent.

2 — *La Côte Saint-André (Isère).*

Haut., 17 cent.; larg., 26 cent.

3 — *L'Isère, aux environs de Grenoble.*

Haut., 17 cent.; larg., 25 cent.

4 — *L'Escaut, à Anvers.*

Haut., 23 cent.; larg., 40 cent.

5 — *Brezins, environs de la côte Saint-André.*

Haut., 18 cent.; larg., 30 cent.

6 — *Saint-Éloy-sur-Loire, une route.*

Haut., 24 cent.; larg., 39 cent.

7 — *La Côte Saint-André, effet d'hiver.*

Haut., 19 cent.; larg., 26 cent.

8 — *Joueurs de boules, à Grenoble, neige.*

Haut., 20 cent.; larg., 37 cent.

9 — *Rotterdam.*

Haut., 25 cent.; larg., 29 cent.

10 — *Pâturage, près Dordrecht.*

Haut., 30 cent.; larg., 46 cent.

11 — *La Rade de Toulon.*

Haut., 18 cent.; larg., 47 cent.

12 — *Au Chuzeau (Isère).*

Haut., 16 cent.; larg., 25 cent.

13 — *Environs de Grenoble, neige sur les cimes.*

Haut., 17 cent.; larg., 50 cent.

14 — *Pénol, près la côte Saint-André.*

Haut., 16 cent.; larg., 25 cent.

15-16 { *L'Isère, aux environs de Grenoble.*
{ *Environs de Grenoble, le matin.*

Sur la même feuille, recto et verso.

Haut., 17 cent.; larg., 50 cent.

17 — *Overschie (Hollande).*

Haut., 23 cent.; larg., 46 cent.

18 — *Le Faubourg Saint-Jacques, à Paris :
l'omnibus.*

Haut., 16 cent.; larg., 31 cent.

19 — *Bords d'un canal, à Dordrecht.*

Haut., 27 cent.; larg., 40 cent.

20 — *Bords de l'Isère, à Grenoble.*

Haut., 33 cent. 1/2; larg., 61 cent.

www.ingramcontent.com/pod-product-compliance
Lightning Source LLC
LaVergne TN
LVHW020859200726
843508LV00003B/1243